1 絵を見て、後の問題に答えましょう。 (10点)

JN051903

（1）次の文に合うものを絵からさがして、○でかこみましょう。

① 犬が 走る。

② ちょうが とぶ。

③ 男の子が ボールを ける。

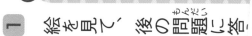

2

絵に合うものに、「何」が「どうする」を、◯でかこみましょう。
(1は10点、(2)～(6)は12点)

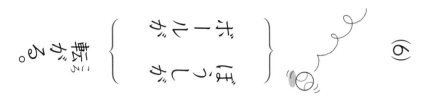

(6)
{ ボールが
  ふうしが }
転がる。

(5)
{ 電車が
  バスが }
走る。

(4)
{ ねこが
  小鳥が }
鳴く。

(3)
{ 虫が
  魚が }
泳ぐ。

(2)
{ はとが
  はちが }
とぶ。

(1)
{ 犬が
  馬が }
走る。

1 「何が」にあたる言葉に、——を引きましょう。

(一つ6点)

(1) 馬が 走る。

「何が」に
あたる言葉を
「主語」といいます。

(2) はとが とぶ。

③

(3) 小鳥が 鳴く。

(4) こいが 泳ぐ。

(5) 子犬が ほえる。

(6) とびらが 開く。

2 次の文の主語（「何が」）を書きましょう。

(1) 犬が 走る。

（　　　　　）

犬が

(2) ちょうが とぶ。

（　　　　　）

(3) 小鳥が 鳴く。

（　　　　　）

(4) バスが 通る。

（　　　　　）

(5) 魚が 泳ぐ。

（　　　　　）

(6) こまが 回る。

（　　　　　）

(7) ボールが 転がる。

（　　　　　）

(8) 子ねこが ねる。

（　　　　　）

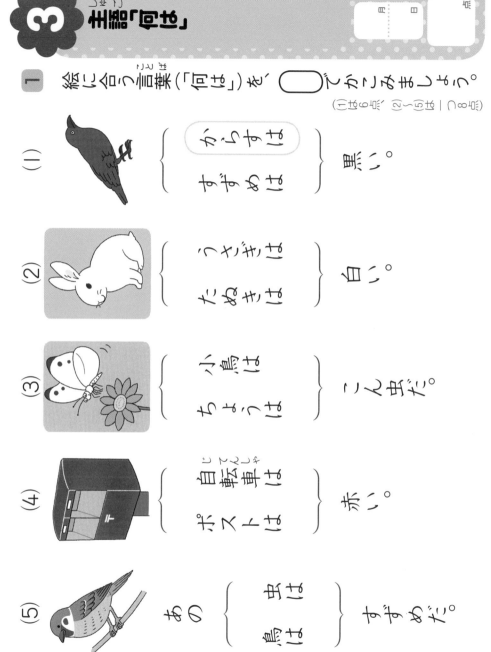

3

しゅご 「何は」

月　日　点

1 絵に合う言葉（「何は」）を、◯でかこみましょう。

（1）は6点、（2）〜（5）は1つ8点）

（1）｛ からすは ／ すずめは ｝ 黒い。

（2）｛ うさぎは ／ たぬきは ｝ 白い。

（3）｛ 小鳥は ／ ちょうは ｝ こん虫だ。

（4）｛ 自転車は ／ ポストは ｝ 赤い。

（5）あの ｛ 虫は ／ 鳥は ｝ すずめだ。

5

次の文の主語（「何が」「は」）に、──線を引きましょう。
（１もん５てん、（５）～（８）は１０てん）

２

（１）ゆきは 白い。

（２）からすは 黒い。

（３）ねずみは 小さい。

（４）ポストは 赤い。

（５）とんぼは 虫だ。

（６）いけの 魚は めだかだ。

（７）あの 花は ひまわりだ。

（８）川の 水は つめたい。

主語は「何が」「は」。
つまり あたりの主語の
ことばの上に。

4 主語「何が」「何は」

1 次の文の主語（「何が」「何は」）に、――を引きましょう。

(1つ5点)

(1) 子犬が 走る。

(2) かえるが 泳ぐ。

(3) かみの毛が 長い。

(4) 川の 水は つめたい。

(5) あの 虫は くわがただ。

(6) この 箱は 空っぽだ。

「何が」や「何は」に あたる言葉が「主語」だよ。

7

2 次の文の主語を書きましょう。(1つ5点)

(1) 犬が ほえる。 （ 犬が ）

(2) 電車が 動く。 （　　　）

(3) からすが 鳴く。 （　　　）

(4) うさぎは 白い。 （　　　）

(5) あの鳥は はねが 大きい。 （ 鳥は ）

(6) この店は パン屋さんだ。 （　　　）

(7) 水そうの金魚は きれいだ。 （　　　）

月　日　点

1 絵に合う言葉（「だれが」）を、◯でかこみましょう。

(1つ8点)

(1) ｛ ⟨ぼくが⟩ ／ わたしが ｝ 話す。

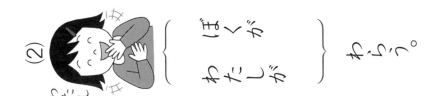

(2) ｛ ぼくが ／ わたしが ｝ わらう。

(3) ｛ 男の子が ／ 女の子が ｝ 走る。

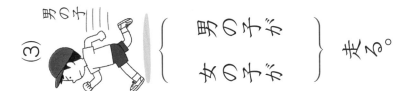

(4) ｛ 父が ／ 母が ｝ 出かける。

(5) ｛ たかしが ／ なおみが ｝ おこる。

2 「だれに」「あなたに」の言葉に、——を引きましょう。

（ぜんぶ）

(1) ぼくが 走る。

(2) わたしが しゃべる。

(3) 女の子が わらう。

(4) 兄が 起きる。

(5) 友だちが 調べる。

(6) おじいさんが いねむりする。

「だれが」「あなたが」の言葉は あなたの仲間の つまり「主語」だよ。

1 絵に合う言葉（「だれは」）を、◯でかこみましょう。

（一つ4点）

（1）
兄

ぼく

｛ 兄は ／ ⟨ぼくは⟩ ｝ 小さい。

（2）
弟

わたし

｛ 弟は ／ わたしは ｝ 重い。

「だれは」も
「主語」だよ。

（3）
姉

妹

｛ 姉は ／ 妹は ｝ ようち園に 通う。

（4）
3年2組

友だち

いとこ

｛ いとこは ／ 友だちは ｝ 三年生だ。

（5）
たかし

なおみ

｛ たかしは ／ なおみは ｝ 長男だ。

2 次の文の主語（「は」「が」）を書きましょう。　　　　（一つ10点）

(1) 兄は 大きい。
（　兄は　）

(2) 弟は いる。
（　　　　）

(3) 母は やさしい。
（　　　　）

(4) これは 中学生だ。
（　　　　）

(5) おじいさんは 医者だ。
（　　　　）

(6) あかはんは おとなしい。
（　　　　）

(7) なおきは はしが 長だ。
（　　　　）

(8) まゆみは 水泳の せんしゅだ。
（　　　　）

主語「だれが」「だれは」

1 次の文の主語(「だれが」「だれは」)に、――を引きましょう。

（一つ5点）

(1) わたしが ピアノを ひく。

(2) おじさんが 外国へ 行く。

(3) 妹は 人形で 遊ぶ。

(4) さやかは とても しずかだ。

(5) おばあさんが ベンチで 休む。

(6) 朝早く 兄は 出かけた。

「だれが」や
「だれは」に
あたる言葉が
「主語」だよ。

次の文の主語を書きましょう。

（一つ10点）

(1) 女の子が 歌を 歌う。

（　　　　　　　）

(2) ぼくは 本を 買う。

（　　　　　　　）

(3) 姉が 学校から 帰る。

（　　　　　　　）

(4) 父が 新聞を 読む。

（　　　　　　　）

(5) まり子は とても 親切だ。

（　　　　　　　）

(6) 兄は 来年から 中学生だ。

（　　　　　　　）

(7) きのう、弟が ねつを 出した。

（　　　　　　　）

14

1 絵を見て、後の問題に答えましょう。

（①は10点　②③は1つ15点）

（1）次の文に合うものを絵からさがして、○でかこみましょう。

① 犬が　ほえる。

② 赤ちゃんが　なく。

③ 女の子が　ぼうしを　かぶる。

2 絵に合う言葉（「〜する」など）を、◯でかこみましょう。
（一つ4点）

(6)

弟が { たつ / しわへ } 。

(5)

妹が { 起きる / 食べる } 。

(4)

赤ちゃんが { わらう / なく } 。

(3)

ちょうが { とぶ / 走る } 。

(2)

オートバイが { 通る / おす } 。

(1)

子犬が { (歩く) / ねる } 。

⑨ 述語「どうする」 ②

1 「どうする」にあたる言葉に、——を引きましょう。

（一つ6点）

（1） すずめが とぶ。

（2） ドアが 開く。

（3） 犬が エサを 食べる。

（4） 妹が 歯を みがく。

（5） 弟が トイレに 走る。

（6） 友だちが プールで 泳ぐ。

「どうする」に あたる言葉を 「述語」と いうよ。

次の文の述語（「どうする」にあたる言葉）を書きましょう。（一つ8点）

(1) 女の子が わらう。

（　　かく　　）

(2) バナナを 食べる。

（　　　　　　）

(3) ボールが 転がる。

（　　　　　　）

(4) 父が 手を たたく。

（　　たたく　　）

(5) 小さな 虫が とぶ。

（　　　　　　）

(6) 兄が 大声で よぶ。

（　　　　　　）

(7) こまが くるくると 回る。

（　　　　　　）

(8) 大きな 魚が ゆっくり 泳ぐ。

（　　　　　　）

18

月　日　点

1　「どうした」にあたる言葉に、――を引きましょう。

（一つ5点）

（1）　ちょうが　とんだ。

（2）　バスが　動いた。

（3）　うさぎが　はねた。

（4）　友だちが　帰った。

（5）　おばあさんは　母と　出かけた。

（6）　きのう、わたしは　早く　ねた。

「どうした」は、うごきなどを表す言い方だよ。

19

2 次の文の述語（「どうした」）に〇を書きましょう。（１０点）

(1) せみが鳴いた。

（　　　　　　　）

(2) ぼくが食べた。

（　　　　　　　）

(3) わたしがよんだ。

（　　　　　　　）

(4) 子ねこがミルクをなめた。

（　なめた　）

(5) 父が夜おそく帰った。

（　　　　　　　）

(6) 大きな魚が向きをかえた。

（　　　　　　　）

(7) 母は、スーパーへ買い物に行った。

（　　　　　　　）

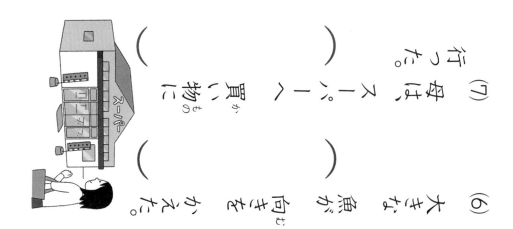

1 「どんなだ」にあたる言葉に、——を引きましょう。

（1つ5点）

「どんなだ」に
あたる言葉も
「述語」だよ。

(1)　うさぎは　白い。

(2)　父は　大きい。

(3)　消ぼう車は　赤い。

(4)　あの　少年は　親切だ。

(5)　あの　星は　とても　明るい。

(6)　となりの　お姉さんは　きれいだ。

2 次ぎの文の述語（じゅつご）「どんなだ」を書きましょう。(10点×7)

(1) 赤ちゃんは 小さい。（　　　）

(2) 風の音が 大きい。（　　　）

(3) 妹は かわいい。（　　　）

(4) れいぞう庫の 水は つめたい。（ つめたい ）

(5) 春の風が あたたかい。（ あたたかい ）

(6) ようすは このにも ほがらかだ。（　　　）

(7) 日曜日の 商店がいには お店が たくさん ならびます。（　　　）が、だ。

㉒

1 「なんだ」にあたる言葉に、──を引きましょう。

(一つ5点)

(1)　せみは　こん虫だ。

(2)　ぼくは　三年生だ。

「なんだ」に
あたる言葉も
「述語」だよ。

(3)　花びんの　花は　バラだ。

(4)　えいたは　サッカーの　せん手だ。

(5)　この　動物は　ハムスターだ。

(6)　なつみの　お兄さんは　中学生です。

「…です」は、「…だ」の
ていねいな言い方だよ。

次の文の述語（じゅつご）「なんだ」を書きましょう。 （1つ10点）

（1） ペンギンは 鳥だ。

（　　　　　　　　）

（2） わたしは ケイコです。

（　ケイコです　）

（3） これは 姉の かさだ。

（　　　　　　　　）

（4） 庭（にわ）の 花は すみれです。

（　　　　　　　　）

（5） あの 子は 弟の 友だちだ。

（　　　　　　　　）

（6） かごの 中の 鳥は インコだ。

（　　　　　　　　）

（7） あの 人は バスの 運転手（うんてんしゅ）です。

（　　　　　　　　）

13 四つの文の形 ①

月　日　点

1 絵を見て、後の問題に答えましょう。 （１つ10点）

25

（1） 次の文に合うものを絵からさがして、○でかこみましょう。

① はとが　エサを　食べる。

② 水道の　水が　つめたい。

③ 大きい　花は　ひまわりだ。

④ ふん水が　ある。

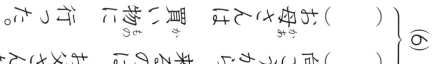

文の終わりが「だ。」の形の文だよ。「ですっ」の。

２ 「何(だれ)は(が) どうする(どんなだ)」の文に、○を つけましょう。

(一つ5点)

(1)
( ) 子ねこが はえる。
( ) 犬が ほえる。

(2)
( ) この 金魚は めだかだ。
( ) 金魚が 水を 深く 泳ぐ。

(3)
( ) 朝の 空気は つめたい。
( ) かみなりが 鳴った。

(4)
( ) この ケーキは おいしい。
( ) 妹が おかしを 食べる。

(5)
( ) 教室の まどガラスが われた。
( ) ゆう子が まどガラスを ふいた。

(6)
( ) お母さんは 買い物に 行った。
( ) 向こうから 来るのは お父さんだ。

26

14 四つの文の形 ②

1 「何(だれ)が(は)　どうする(どうした)」の文を五つ さがして、○をつけましょう。

(一つ8点)

ア（　）めだかが　すいすい　泳ぐ。

イ（　）あの　動物は　いるかだ。

ウ（　）父は　会社へ　行った。

エ（　）父の　かさは　新しい。

オ（　）はとが　いっせいに　とび立つ。

カ（　）はとの　歩き方は　おもしろい。

キ（　）この　ボールは　やわらかい。

ク（　）ひろしが　ボールを　投げる。

ケ（　）朝の　公園は　とても　しずかだ。

コ（　）電車が　しずかに　動きだした。

文の終わりにある、動きを表す言葉に注目しよう。

２ 「何(だれ)が(は) どうだ。」の文に、○をつけましょう。

（一つ10点）

(1)
（○）さくらが きれいだ。
（　）さくらが きれいに さいた。

(2)
（　）これは へやだ。
（　）かばんは おもたい。

(3)
（　）ぞうは 大きい。
（　）ぞうは 大きな どうぶつだ。

(4)
（　）先生は かぞくと 歩く。
（　）先生は かぞくだ。

(5)
（　）店の 店員が お客さんに 声を かける。
（　）店の 人が 見ても おもしろい。

(6)
（　）市の 音楽会が 来週 ある。
（　）夏祭(なつまつ)りは おもしろかった。

月　日　点

1 「何(だれ)が(は)　どんなだ」の文を五つさがして、〇をつけましょう。

（一つ8点）

ア（　）花だんの　花が　きれいだ。

イ（　）さくらの　花が　さいた。

ウ（　）ぞうの　鼻は　長い。

エ（　）あの　動物は　ペンギンだ。

オ（　）りすが　木の実を　かじる。

カ（　）ハムスターの　目が　かわいい。

キ（　）向こうから　車が　走って　きた。

ク（　）車の　ライトが　まぶしい。

ケ（　）あの　人は　花屋の　おばさんだ。

コ（　）魚屋の　おばさんは　とても　ほがらかだ。

29

文の終わりにある、様子を表す言葉に注目しましょう。

「何（なに）が（は）だれ（は）が（は）」なのか、「だ」の文に、○をつけましょう。

（一学き）

(1)
（　）
（　）
さかなは　およぐ。
めだかは　歩き回る。

(2)
（　）
（　）
兄は　中学生だ。
兄は　中学校に　通う。

(3)
（　）
（　）
あの鳥は　すずめだ。
すめの羽は　茶色い。

(4)
（　）
（　）
たへんの店は　すみの角のパン屋さんだ。
きゃく（客）が　店に　ならんだ。

(5)
（　）
（　）
おかの上に　公園が　ある。
あの林の上に　おかの公園がある。

(6)
（　）
（　）
わたしの　向（む）いの　友だちは　学校だ。
わたしが　読書感想文を　読んだ。

30

月　日　点

1 「何（だれ）が（は）　なんだ」の文を五つさがして、○をつけましょう。

（一つ8点）

ア（　）子犬が　庭を　走り回る。

イ（　）あの　犬は　ブルドッグだ。

ウ（　）駅前の　通りは　きれいだ。

エ（　）妹は　まだ　三さいだ。

オ（　）学校の　近くに　病院が　ある。

カ（　）きのう、友だちと　遊んだ。

キ（　）公園の　近くが　二丁目だ。

ク（　）花だんの　花は　チューリップだ。

ケ（　）明日、転校生が　来るそうだ。

コ（　）向こうの　白い　たて物は　病院だ。

文が「…だ」で終わっていても、「なんだ」ではない言葉もあるよ。

③ 「だれが(は)」「いる」の文に、○をつけましょう。（一つ10点）

(1)
- （　）友だちが、病院に行く。
- （　）友だちが、教室へいく。

(2)
- （　）友だちが、店の前にいる。
- （　）かさをさして、あるく。

(3)
- （　）兄は、すがたが見えない。
- （　）父は、二階のへやにいる。

文の終わりが、②は「ある」、③は「いる」だよ。

② 「何が(は)」「ある」の文に、○をつけましょう。（一つ10点）

(1)
- （　）テーブルに、バナナが皿にある。
- （　）バナナを、皿から食べる。

(2)
- （　）小鳥のひなに、えさをやる。
- （　）小鳥の鳴き声が、聞こえる。

(3)
- （　）校庭に、犬がいる。
- （　）庭に、大きな木がある。

17 四つの文の形 ⑤

月　日　点

1 次の形の文を後からえらんで、記号を書きましょう。

（答えられているものは2点、ほかは1つ6点）

(1) 何が(は)　どうする。…………（イ）（　）

(2) 何が(は)　どんなだ。………（　）（　）

(3) 何が(は)　なんだ。……………（　）（　）

(4) 何が(は)　ある。………………（　）（　）

ア　あの　虫は　くわがただ。

イ　犬が　ワンワン　ほえる。

ウ　かばんに　ノートが　ある。

エ　庭の　花が　きれいだ。

オ　ドライヤーの　コードが　短い。

カ　家の　近くに　ポストが　ある。

キ　あの　赤い　車は　消ぼう車だ。

ク　赤い　風船が　大きく　ふくらむ。

注意しよう!
文の最後の言葉に

エ　だれが（は）　どうする。

ウ　だれが（は）　どんなだ。

イ　だれが（は）　なんだ。

ア　だれが（は）　どんなだ。

（8）かずやが二階の母屋や家に部屋に遊びに来る。

（7）ぼくの人はけついていた。

（6）あの友だちは校門に親切三年生です。

（5）あの友だちは校門に親切三年生です。

（4）友だちは校門に

（3）あのわたしは小学

（2）わたしパンを食べる。

（1）弟が

（　）……

（　）………

（　）………

（　）………

（　）………

（　）………

（　）………

（　）………

2　次の文の形を　　　からえらんで、記号を書きま
しょう。（一つ５点）

1 次の文の主語(「何が(は)」「だれが(は)」)に、――を引きましょう。

(一つ5点)

(1) まり子が けんかんで 待つ。

(2) おじさんは バスの 運転手だ。

(3) 花びんの 花は バラだ。

(4) リビングの テーブルは 大きい。

(5) 明るい 声が 教室に ひびく。

(6) ぼくの 妹は まだ 小さい。

つまり、
「主語」は、「何(だれ)が」、「何(だれ)は」にあたる言葉だったね。

２ 次の文の主語を書きましょう。（１つ6点）

(1) わたしは手をあげた。

（ わたしは ）

(2) 風船がふわふわとんだ。

（ ）

(3) あの人はやさしい。

（ 人は ）

(4) あの鳥ははとだ。

（ ）

(5) うさぎの耳が長い。

（ ）

(6) おじいさんの店はパン屋さんだ。

（ ）

(7) 男子が教室のいすを運ぶ。

（ ）

（1の2）

1 次の文の述語(「どうする(どうした)」「どんなだ」「なんだ」「ある(いる)」)に、――を引きましょう。(一つ5点)

(1) 子犬が 庭を 走り回る。

(2) 姉は 朝七時に 学校へ 行った。

(3) 兄の かばんは とても 重い。

(4) 庭の 池には こいが いる。

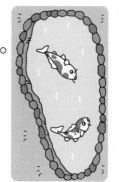

(5) この きれいな 鳥は インコです。

(6) 植物園の となりに プールが ある。

2 次の文の述語を書きましょう。　　(一つ5点)

（1）父が　会社から　帰る。　　　　（　帰る　）

（2）バスが　急に　止まった。　　　（　　　　）

（3）あの犬は　おとなしい。　　　　（　　　　）

（4）あの人は　中学生だ。　　　　　（　　　　）

（5）げんかんに　くつが　ある。　　（　　　　）

（6）公園の　入り口の　前に、あいくんが　いた。　　（　　　　）

（7）わたしは　妹と　二人で、ジュースを　飲んだ。　　（　　　　）

20 主語と述語

1 次の文の主語に──を、述語に〜〜を引きましょう。
（一つ5点）

(1) ぼくは、毎朝 六時に 起きる。

(2) 赤ちゃんの 手は やわらかい。

(3) 道具箱の 中に ボールが ある。

(4) あの たて物が わたしたちの 学校だ。

(5) 今朝、兄は、朝早く 家を 出た。

> 主語は、いつも、文のはじめに あるというわけではないよ。

次の文の主語と述語を書きましょう。

（一つ5点）

（1）ぼくは 友だちと グループで 町へ 行く。

主語（ ぼくは ）
述語（ 行く ）

（2）日曜日の 商店がいは とても にぎやかだ。

主語（ ）
述語（ ）

（3）弟は となりの 部屋に いる。

主語（ ）
述語（ ）

（4）この 大きな 魚は さめだ。

主語（ ）
述語（ ）

（5）きのう、わたしは トントンと ドアを たたいて 本を 読んだ。

主語（ ）
述語（ ）

40

述語は、だいたい 文の 終わりに あります。
文の 終わりの 言葉に 注目しよう！

1 次の文に合う言葉を、◯でかこみましょう。

（1つ8点）

(1) テーブルにコップが { ある / いる }。

(2) 中庭に池が { ある / いる }。

(3) 池の中にこいが { ある / いる }。

(4) 商店がいにかん板が { ある / いる }。

(5) 集合写真の中に妹が { ある / いる }。

ふつう、物ものやことがらの場合は「ある」を、人ひとや生いき物ものの場合は「いる」を使つかいます。

次の文は、どんなようすですか。「ある」か「いる」かを書きましょう。

（1もん5てん）

（1）駅の近くに、ビルがたくさん（　　　）。

（2）草むらの中に、いぬがいる。（　　　）。

（3）たなのうえに、たんじょう日の写真が（　　　）。

（4）れいぞう庫の中に、ケーキが（　　　）。

（5）駅前の広場には、たくさんの人が（　　　　　　）。

（6）大きなおりの中に、ライオンの親子が（　　　　　　）。

22 文作り ①

月　日　点

1 絵を見て、「何が」「どうする」にあたる言葉を書きましょう。

(一つ6点)

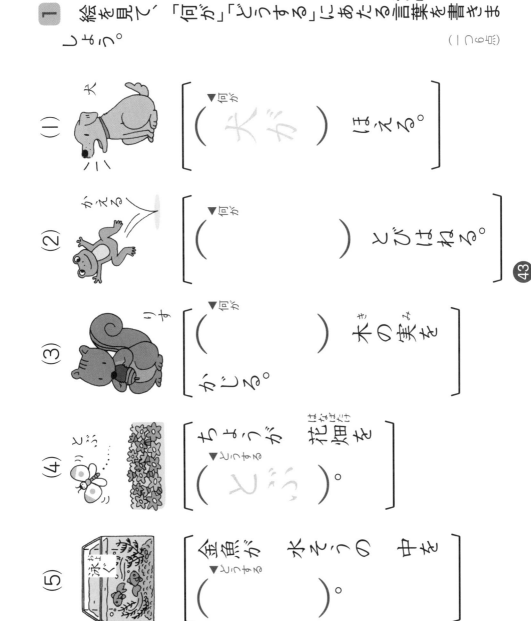

(1) 犬
　▼何が
　（ 犬が ） ほえる。

(2)
　▼何が
　（ 　 ） とびはねる。

(3)
　▼何が
　（ 　 ） 木の実を かじる。

(4)
　ちょうが 花畑を
　▼どうする
　（ とぶ ）。

(5)
　金魚が 水そうの 中を
　▼どうする
　（ 　 ）。

43

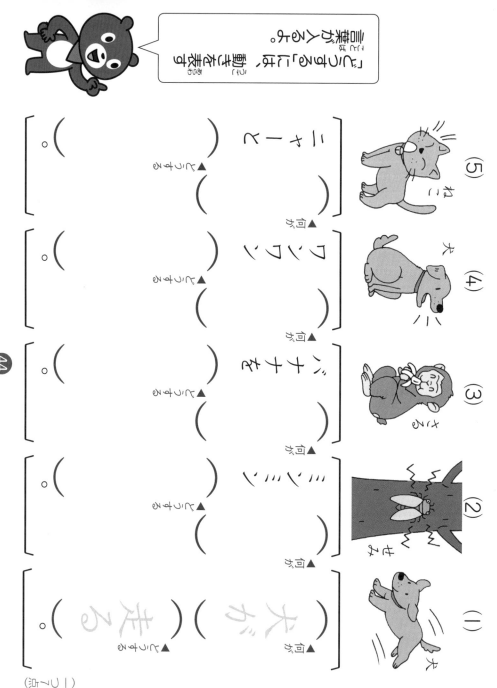

「じゅつご」には、動きを表す言葉があるよ。

2 絵を見て、「何が」「どうする」の文を作りましょう。(1つ2点)

(1) 犬
[▲何が（ 犬が ） ▲どうする（ ほえる ）。]

(2) せみ
[▲何が（　　　） ▲どうする（　　　）。]

(3) さる
[▲何が（　　　） ▲どうする（　　　）。]

(4) 犬
[▲何が（　　　） ▲どうする（　　　）。]

(5) ねこ
[▲何が（　　　） ▲どうする（　　　）。]

44

文作り ②

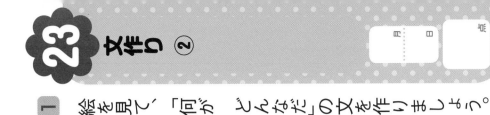

1 絵を見て、「何が どんなだ」の文を作りましょう。
(1つ5点)

(1) 花
花だんの
▼何が
（ 花が ）
▼どんなだ
（ きれいだ ）。

(2) 目
子ねこの
▼何が
（ 　　　 ）
▼どんなだ
（ 　　　 ）。
かわいい

(3) 耳
うさぎの
▼何が
（ 　　　 ）
▼どんなだ
（ 　　　 ）。
長い

(4) ぴかぴかだ
新しい
▼何が
（ 　　　 ）
▼どんなだ
（ 　　　 ）。
くつ

「どんなだ」には、様子を表す
言葉が入るよ。

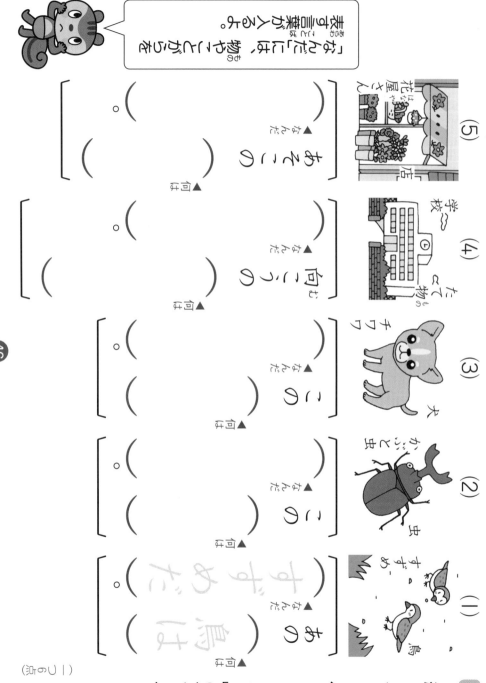

② 絵を見て、「何は なんだ」の文を作りましょう。
（一つ6点）

「なに」「だれ」は、物や人を表す言葉が入ります。

(1)
何は ▲（あの鳥は） なんだ（すずめ） 。

(2)
何は ▲（　　　） なんだ（　　　） 。

(3)
何は ▲（　　　） なんだ（　　　） 。

(4)
何は ▲（　　　） なんだ（　　　） 。

(5)
何は ▲（　　　） なんだ（　　　） 。

46

1 絵を見て、「何が　ある」の文を作りましょう。

（1つ5点）

(1) ▼何が

つくえに　（本が）

（ある）。

(2) ▼何が

げんかんに　（　　　　）

（　　　　）。

(3) ▼何が

いすの　横に　（　　　　）

（　　　　）。

(4) ▼何が

校庭に　（　　　　）

（　　　　）。

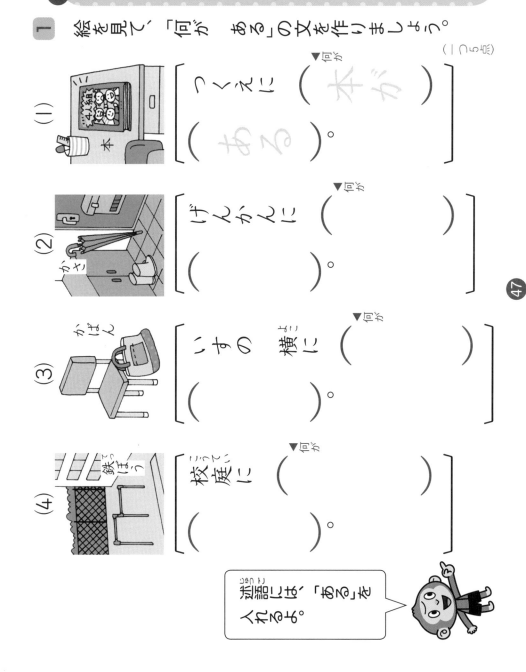

述語には、「ある」を
入れるよ。

47

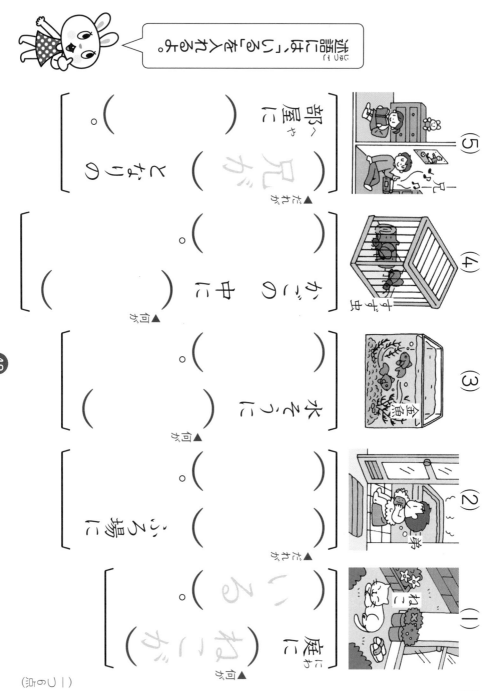

＊「じょし」は、「に」や「が」が入ります。

2 絵を見て、「何(だれ)が いる(ある)」の文を作りましょう。

(1つ5点)

(1) ▲何が
庭に（ねこ）が（いる）。

(2) ▲だれが
＿る場に（　）（　）。

(3) ▲何が
水そうに（　）（　）。

(4) ▲何が
かごの中に（　）（　）。

(5) ▲兄が
部屋に（　）のこと（　）。

25 文章の読みとり ①

月　日　点

1 次の□の文を読んで、後の問題に答えましょう。

(15点)

> 弟がバナナを食べました。

(1) 「だれ」が、バナナを食べましたか。

〔（　弟　）が食べました。〕

2 次の□の文を読んで、後の問題に答えましょう。

(15点)

> 男の子がボールを投げました。

(1) 「だれ」が、ボールを投げましたか。

〔（　　　　）が投げました。〕

3 次の□の文を読んで、後の問題に答えましょう。

(15点)

> たかしが、いすを運んできました。

(1) 「だれ」が、いすを運んできましたか。

〔（　　　　）が運んできました。〕

6 次の□の文章を読んで、後の問題に答えましょう。(20点)

> 朝、弟が起きました。ノートへ用意をしました。わたしは、ペンを用意しました。

(1) だれが、ペンを用意しましたか。

〔　　　　　　　〕が用意をしました。

---

5 次の□の文章を読んで、後の問題に答えましょう。(20点)

> 花の中にいる、あまりが、てんとう虫を見つけました。てんとう虫を見つけました。

(1) だれが、てんとう虫を見つけましたか。

〔　　　　　　　〕が見つけました。

---

4 次の□の文を読んで、後の問題に答えましょう。(15点)

> まゆみが手を大きくふっています。

(1) だれが、手を大きくふっていますか。

〔　　　　　　　〕がふっています。

1 次の□の文章を読んで、後の問題に答えましょう。

(10点)

> まさとが、バケツを運んできました。ぼくがのぞいてみると、魚がいました。

(1) 「だれ」が、バケツを運んできましたか。

〔（　　　　　　　）が運んできました。〕

2 次の□の文章を読んで、後の問題に答えましょう。

(1つ15点)

> さちこが、花びんを持ってきました。わたしは、それに花を生けました。

(1) 「だれ」が、花びんを持ってきましたか。

〔（　　　　　　　）が持ってきました。〕

(2) 「だれ」が、花を生けましたか。

〔（　　　　　　　）が生けました。〕

4 次の □ の文章を読んで、後の問題に答えましょう。

(１つ15点)

> ゆみは おばあちゃ
> んに ぬりえを
> もらいました。
> それを、色紙で
> つくりました。
> ゆみは 絵を
> かきました。

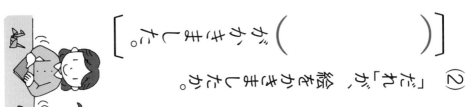

(1) 「だれ」が、ぬりえを もらいましたか。

（　　　　　　）

［　　　　　　　　りました。］

(2) 「だれ」が、絵を かきましたか。

（　　　　　　）

［　　　　　　　　ました。］

---

3 次の □ の文章を読んで、後の問題に答えましょう。

(１つ15点)

> ひろしと おさむ
> が、大きな こえで
> よびました。
> すると、おかあさ
> んが、大きな
> こえで へんじが
> かえりました。

(1) 「だれ」が、大きな声で よびましたか。

（　　　　　　）

［　　　　　　　　びました。］

(2) 「だれ」が、へんじが かえりましたか。

（　　　　　　）

［　　　　　　　　りました。］

1 次の□の文章を読んで、後の問題に答えましょう。

(15点)

> ボールをわたすと、女の子は、
> 「ありがとう。」
> と言いました。

(1) 「だれ」が、「ありがとう。」と言いましたか。

[（ 女の子 ）が言いました。]

2 次の□の文章を読んで、後の問題に答えましょう。

(1つ20点)

> 「こっちに来て。」
> と、かずやが大きな声で言いました。
> わたしは、すぐに走っていきました。

(1) 「だれ」が、「こっちに来て。」と言いましたか。

[（　　　　　）が言いました。]

(2) 「だれ」が、走っていきましたか。

[（　　　　　）が走っていきました。]

４

次の □ の文章を読んで、後の問題に答えましょう。（一つ15点）

> と、けんたが言ったので、わたしは
> 「向こうまで走るよ。」
> 「負けないぞ。」と言い返しました。

(1) 「だれ」が、「向こうまで走るよ。」と言いましたか。

（　　　　　　　　　　）が言いました。

[　　　　　　　　　　　　]

(2) 「だれ」が、「負けないぞ。」と言い返しましたか。

（　　　　　　　　　　）が言い返しました。

[　　　　　　　　　　　　]

３

次の □ の文章を読んで、後の問題に答えましょう。（15点）

> あけみが虫を見せながら、
> 「庭で虫をつかまえたよ。」
> と言いました。

(1) 「だれ」が、「庭で虫をつかまえたよ。」と言いましたか。

（　　　　　　　　　　）が言いました。

[　　　　　　　　　　　　]

54

1 次の□の文章を読んで、後の問題に答えましょう。

　まさみは、姉と二人で、ペットショップに行った。ハムスターのかごの前で立ち止まったまさみは、

「かいたいなあ。」

と、ぽつりとつぶやいた。それを聞いた姉のさとみは、

「おねがいしてみようか。」

と言って、ニヤッとほほえんだ。

(1) 「だれ」が、「かいたいなあ。」とつぶやいたのですか。(15点)

[（　　　　　　　）がつぶやいた。]

(2) 「だれ」が、「おねがいしてみようか。」と言ったのですか。(15点)

[（　　　　　　　）が言った。]

(3) ペットショップに行ったのは、「だれ」と「だれ」ですか。(一つ10点)

（　　　　　　　）と（　　　　　　　）

最さい後ごに、「主しゅ語ご」「述じゅつ語ご」は、わかりましたね！

せん一ひとり人は、物ものを言いうとき、ひとさし指ゆびをさして「これ、取とってよ。」とおかあさんに声こえをかけた。

物ものを取とってくれたおかあさんが「ほら、ハンドバッグ。」と手てもとを見みせたが、「雨あめ、ふってきたよ。」と…

（1） 「だれ」が、「雨あめ、ふってきたよ。」と声こえをかけたのですか。　（15点）

（　　　　　　　）が声こえをかけた。

（2） 「だれ」が、「ほら、ハンドバッグ。」と言いったのですか。　（15点）

（　　　　　　　）が言いった。

（3） せん一人が物ものを取とっていったのは、「だれ」と「だれ」ですか。　（1つ10点）

（　　　　　　）と（　　　　　　）

56

こたえ

- なぞる文字や書き号すところでは、答えを はぶいています。
- 言葉や文を書く問題では、全部書けて、一つ の正かいです。

---

1 主語「何が」①　1・2ページ

1 (1)

2 (1) 犬が
(2) はとが
(3) 魚が
(4) ねこが
(5) 電車が
(6) ボールが

---

2 主語「何が」②　3・4ページ

1 (1) 馬が
(2) はとが
(3) 小鳥が
(4) こいが
(5) 子犬が
(6) とびらが

---

2 (1) 犬が
(2) ちょうが
(3) 小鳥が
(4) バスが
(5) 魚が
(6) こまが
(7) ボールが
(8) 子ねこが

---

3 主語「何は」　5・6ページ

1 (1) からすは
(2) うさぎは
(3) ちょうは
(4) ボートは
(5) 鳥は

2 (1) うさぎは
(2) からすは
(3) ねずみは
(4) ボートは
(5) とんぼは
(6) 魚は
(7) 花は
(8) 水は

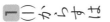

57

5 主語「だれが」
9・10ページ

1

(1)
(2) ぼくが
(3) わたしが
(4) 男の子が
(5) 父が

2

(1) 女の子が
(2) ぼくが
(3) わたしが
(4) 兄が

---

4 主語「何が」「何は」
7・8ページ

1

(1)
(2) 子犬が
(3) 子犬が
(4) かえるが
(5) 水は
(6) 水の毛が

2

(1) 箱虫は
(2) 犬は
(3) しごとが
(4) 電車が
(5) つくえが
(6) 小鳥は
(7) 金魚は

---

6 主語「だれは」
11・12ページ

1

(1)
(2) ぼくは
(3) わたしは
(4) 妹は
(5) 友だちは
(6) おじいちゃんが

2

(1) 兄は
(2) 弟は
(3) 母は
(4) いとこは
(5) おじいさんは
(6) あじさんは
(7) おじいさんは
(8) なおきは

7 主語「だれが」「だれは」 ページ13・14

1
(1) わたしが
(2) おじさんが
(3) 妹は
(4) さやかは
(5) おばあさんが
(6) 兄は

2
(1) 女の子が
(2) ぼくは
(3) 姉が
(4) 父が
(5) まり子は
(6) 兄は
(7) 弟が

8 述語「どうする」① ページ15・16

1
(1)

2
(1) 歩く
(2) 通る
(3) とぶ

(4) なく
(5) 起きる
(6) たたく

9 述語「どうする」② ページ17・18

1
(1) とぶ
(2) 開く
(3) 食べる
(4) みがく
(5) 走る
(6) 泳ぐ

2
(1) わらう
(2) 食べる
(3) 転がる
(4) たたく
(5) とぶ
(6) とぶ
(7) 回る
(8) 泳ぐ

述語「どんなだ」
21・22ページ

11

1
(1) 白い
(2) 大きい
(3) 赤い
(4) 親切だ
(5) 明るい
(6) きれいだ

2
(1) 鳴いた
(2) 食べた
(3) 上だ
(4) なんだ
(5) 帰った
(6) 出かけた
(7) かえった

述語「どうした」
19・20ページ

10

1
(1) と
(2) 動いた
(3) はねた
(4) はねた
(5) 帰った
(6) 出かけた

2
(1) ねむたい
(2) 動いた
(3) はねた
(4) 帰った
(5) 帰った
(6) ねむった

述語「なんだ」
23・24ページ

12

1
(1) 中学生です
(2) こん虫だ
(3) 三丁目だ
(4) スターだ
(5) せんせいだ
(6) 中学生です

2
(1) 小
(2) ふうかだ
(3) うかるさい
(4) かわいい
(5) つめたい
(6) ほあめたい
(7) にはがたい

1
(1) 中学生です
(2) 鳥だ
(3) 入道
(4) かんさいです
(5) すみだ
(6) 友だちだ
(7) 運転手です

13 四つの文字の形 ①
ページ25・26

1 (1)

2
(1) { (○) / ( ) } (2) { (○) / ( ) }
(3) { ( ) / (○) } (4) { (○) / ( ) }
(5) { ( ) / (○) } (6) { ( ) / (○) }

14 四つの文字の形 ②
ページ27・28

1 ア ・ ウ ・ オ ・ ク ・ ロ

2
(1) { (○) / ( ) } (2) { ( ) / (○) }
(3) { (○) / ( ) } (4) { (○) / ( ) }
(5) { ( ) / (○) } (6) { ( ) / (○) }

15 四つの文字の形 ③
ページ29・30

1 ア ・ ウ ・ カ ・ ク ・ ロ

2
(1) { ( ) / (○) } (2) { (○) / ( ) }
(3) { (○) / ( ) } (4) { (○) / ( ) }
(5) { ( ) / (○) } (6) { (○) / ( ) }

16 四つの文字の形 ④
ページ31・32

1 イ ・ エ ・ キ ・ ク ・ ロ

2
(1) { (○) / ( ) } (2) { (○) / ( ) }
(3) { ( ) / (○) }

3
(1) { ( ) / (○) } (2) { ( ) / (○) }
(3) { (○) / ( ) }

61

17 四つの文の形 ⑤ ページ 33・34

1
(1) イ・ク
(2) エ・オ
(3) ア・キ
(4) ウ・カ

2
(1) ア (2) ウ
(3) イ (4) エ
(5) ウ (6) イ
(7) エ (8) ア

18 主語 ページ 35・36

1
(1) まり子が
(2) おじさんは
(3) 花は
(4) テーブルは
(5) 声が
(6) 妹は

2
(1) わたしは
(2) 風船が
(3) 人は
(4) 鳥は
(5) 耳が
(6) 店は
(7) 男子が

19 述語 ページ 37・38

1
(1) 走り回る
(2) 行った
(3) 重い
(4) いる
(5) インコです
(6) ある

2
(1) 帰る
(2) 止まった
(3) おとなしい
(4) 中学生だ
(5) ある
(6) いた
(7) 飲んだ

20 主語と述語 ページ 39・40

1
(1) ぼくは・起きる
(2) 手は・やわらかい
(3) ボールが・ある
(4) たて物が・学校だ
(5) 兄は・出た

2
(1) ぼくは・行く
(2) 商店がいは・にぎやかだ
(3) 弟は・いる
(4) 魚は・さめだ
(5) わたしは・読んだ

21 述語「ある」と「いる」 ページ41・42

1 (1)ある
(2)ある
(3)いる
(4)ある
(5)いる

2 (1)ある
(2)いる
(3)ある
(4)ある
(5)いる
(6)いる

22 文作り①　ページ43・44

1 (1)犬が
(2)かえるが
(3)りすが
(4)とぶ
(5)泳ぐ

2 (1)犬が・走る
(2)せみが・〈れい〉鳴く
(3)さるが・〈れい〉食べる
(4)犬が・〈れい〉ほえる
(5)ねこが・〈れい〉鳴く

23 文作り②　ページ45・46

1 (1)花が・きれいだ
(2)目が・かわいい
(3)耳が・長い
(4)くつが・ぴかぴかだ

2 (1)鳥は・すずめだ
(2)虫は・かぶと虫だ
(3)犬は・チワワだ
(4)たて物は・学校だ
(5)店は・花屋さんだ

24 文作り③　ページ47・48

1 (1)本が・ある
(2)〈れい〉かさが・ある
(3)かばんが・ある
(4)〈れい〉鉄ぼうが・ある

2 (1)ねこが・いる
(2)弟が・いる
(3)金魚が・いる
(4)すず虫が・いる
(5)兄が・いる